横山乡建
—— 在地营造的现实可能

蒋楠 著

国家重点研发计划课题（2017YFC0702504）、国家自然科学基金（51878141）资助项目

东南大学出版社·南京

目录

横山现状与资源	1
横山复兴的现实性与可能性	5
横山乡建的总体思路	6
横山村民服务中心	15
横山上庄乡野公园	58
采石场再生——横山驿站	68
猪圈新生——横山邓村民宿	72
村貌整治——横山沈阳村老宅翻新	74
乡宅图集与示范	76
写在最后	82
参考文献	82

营造于青山绿水之间——横山村民服务中心及乡野公园　摄影：侯博文

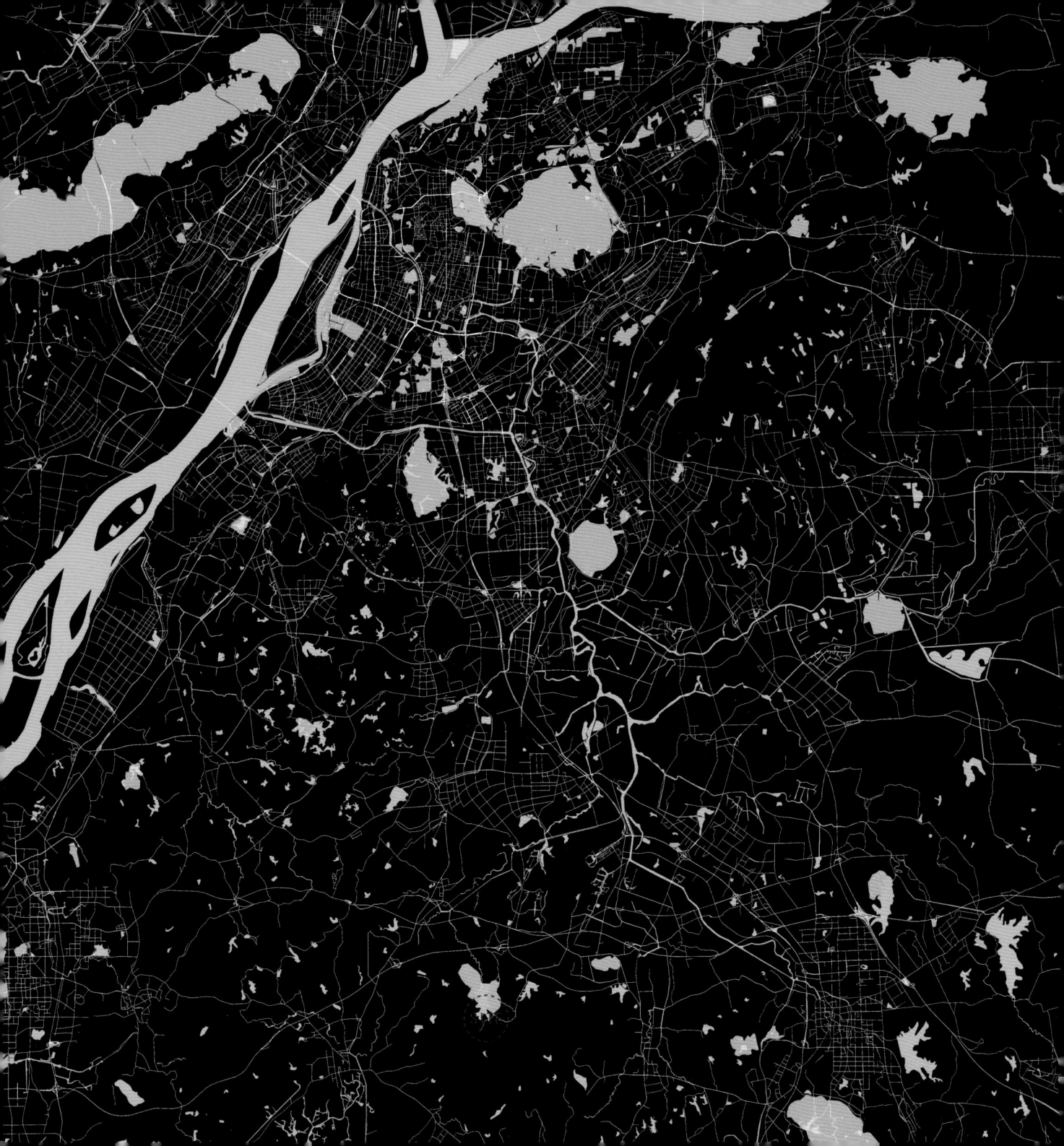

横山现状与资源

横山现状

横山社区位于江苏省南京市江宁区横溪街道东南部,地处横山脚下、驻驾山水库上游,东面与禄口铜山和溧水石湫毗邻,南面同安徽省当涂交界并与横山林场相连,西北面紧靠蟠龙湖(原名赵村水库)。其三面环山,境内多为低丘陵地,峰峦层叠,沟谷纵横,农田高低落差较大,雨多时山洪漫溢,雨少时塘坝断流、枯竭。地形与交通等因素不利于农业生产的开展,再加上生态红线①的制约,村镇建设用地发展潜力空间较少,经济发展相对落后,至今仍为贫困村。

① 据相关资料,一二级生态红线管控区占横山社区总用地面积的99.66%,生态红线一级管控区包围大部分社区,生态红线二级管控区集中分布于社区中部。一级管控区实行最严格的管控措施,严禁一切形式的开发建设活动;二级管控区以生态保护为重点,实行差别化的管控措施,严禁有损主导生态功能的开发建设活动。

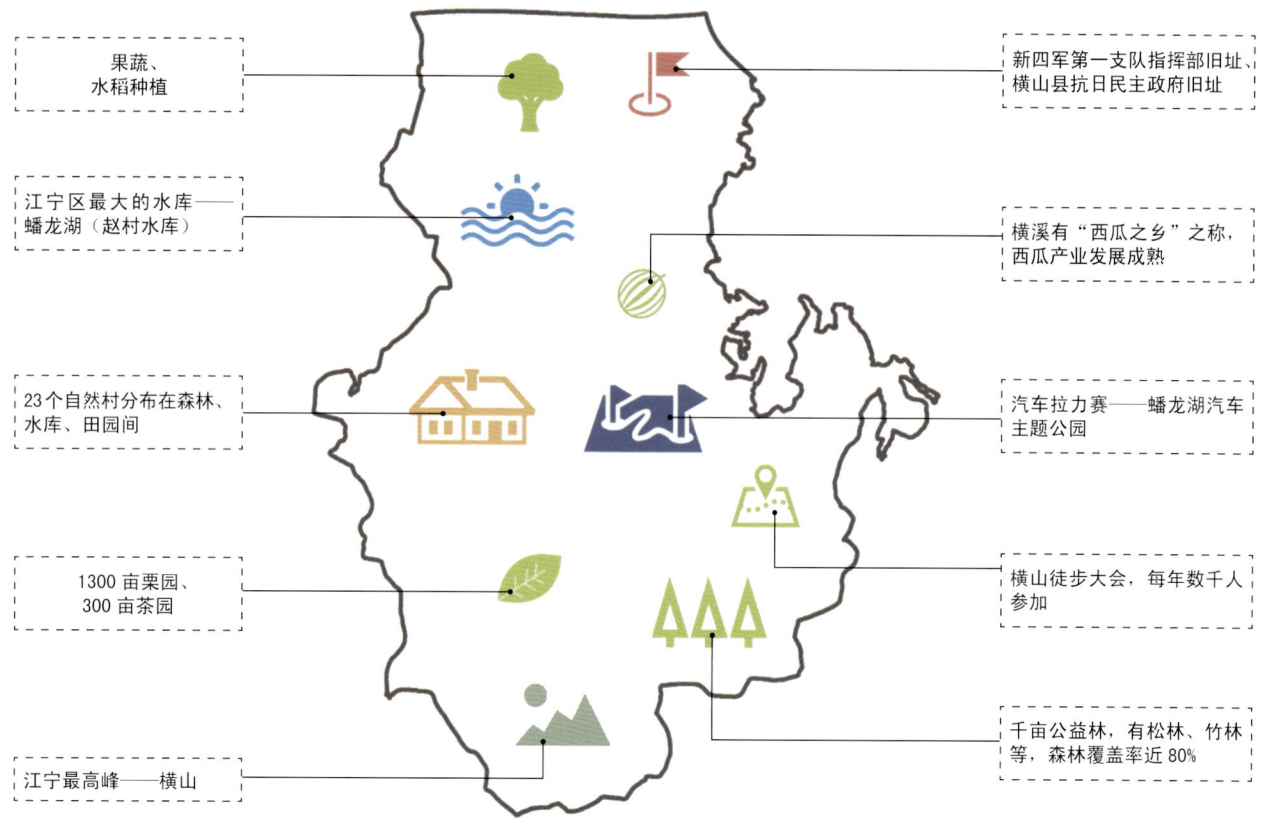

横山资源

横山山水资源丰富,群山连绵,山势险要,地形复杂,有拖船豁、四径山、鸡冠山、王八桥等高峰,群山呈"U"字形环绕包围村庄,其中四径山高363 m,是南京市江宁区最高峰,秦淮河支流横溪河即发源于此。片区水系丰富,多以库、塘、沟渠等多种形式散布村庄,而其毗邻的蟠龙湖为国家中级水库,为南京市第三、江宁区第一大淡水湖。横山自然风光优美,境内物种丰富,其森林覆盖率近80%,宛如天然氧吧。

横山的历史人文资源亦较突出,"横山"是南京地区在史书上最早出现的地名。多由于横山地形的天然优势,抗日战争初期,新四军在此开辟根据地,陈毅、粟裕等老一辈无产阶级革命家曾在此领导人民与敌浴血奋战过,是远近闻名的革命老区,新四军第一支队指挥部旧址(1982年被列为南京市文物保护单位)即坐落于横山上庄村内。

横山
横山现状与资源

横山的青山绿水

横山复兴的现实性与可能性

与当前长三角地区的众多乡村类似,横山呈现着中国乡村的最普遍特征,其虽具备良好的山水人文资源,但因地理偏于一隅并不广为人知,政府及社会资本的注入仍待时日,对于旅游发展等急需的各项服务配套设施也远未跟上。近年来举办的横山徒步大会在每年春夏时节逐渐开始吸引徒步爱好者的关注,但其每年短暂掀起波澜后又很快归于平静,日渐凋敝的村庄在经济落后的同时也缺乏年轻的活力,村庄的复兴似乎遥不可及。

2017年,横山社区的村支书找到笔者,当时村里想在蟠龙湖水库旁原横山采石场旧址上兴建一座小型会议场所,兼作村民委员会办公接待之用。随后逐渐熟识并有机会陆续帮村里做了些设计工作,其中有些幸已建成,有些至今仍停留在图纸之上。这两三年的乡村实践给了笔者重新思考并审视乡村的机会,乡村里的设计与建造工作有着与城市截然不同的属性与特征,这些都将会对设计的介入方式、材料及建造方式的选择、技术要求与现实环境条件的结合等诸方面产生可观的影响。

起初只是个别建筑单体的设计,随着设计与研究进程的深入,笔者开始思考这个略显沉寂的乡村真正需要的是在哪些地方做出哪些改变,以推动其渐进式、针灸式的复兴。如今,横山乡建实践随着几个项目的先后落成已初步呈现出一些效果,似乎可以为当下那些没有强力资本介入而需点滴渐进更新的乡村提供一种在地②和现实之可能性。

② "在地"一词最早见于中国台湾,相关词有"在地性""在地化"等,近年来大陆多有关注。台湾学者罗时玮在《当建筑与时间做朋友:近二十年的台湾在地建筑论述》中将黄声远这类台湾建筑师称为"在地实践的建筑师"(Architects Practicing Locally)。清华大学周榕针对"在地"一词在大陆语境下的学术意做了解释:"在地",不再仅仅是一种建筑位置的狭义标示,而且同时包含了建筑的理由——"呈在于地"、指示出设计的线索——"因地而在"、标榜了追求的理想——"与地同在"。由是,"在地建筑"也就变成了建筑对"地在"的一种应答——对地域、地方、地点"三地合一"的"一地之在"的多样性觉醒、揭示、放大以及强化。

横山乡建的总体思路

以点带面，渐进复兴

由于资金限制，横山不太可能像南京江宁"特色田园乡村"试点那样全面整体地推动其乡村建设工作，而只能因地制宜，以点突破，由易到难，循序渐进。于是我们根据村里的现实情况，精心选择了几项直接关系到村民日常生活与村庄活力提升的内容：利用上庄村口数百平方米的可建设洼地兴建横山村民服务中心及村史馆，为村民提供休憩、交往与集会场所，并与邻近的新四军第一支队指挥部旧址形成红色主题游线，同时具备一定的展示与接待功能；在村民中心西侧、上庄村民进村要道边营造乡野公园，为村民创造环境优雅的公共休闲空间，同时也为将来的游客提供充满乡村野趣的户外公园绿地；为当地村民设计体系化农宅图集，提供菜单式定制化选择，改善村民居住生活品质，形成部分农宅示范建设点；利用一些可以收储和改造的废弃工农业生产设施，如采石场、猪圈、杂物间等，对其加以利用和改造，形成可供到访者及游客等休息停留的服务设施，包括接待中心、民宿客栈等。

以上诸类或位于村口等显著区位，或与村民的日常生活息息相关，若能通过用心的设计与营造，将以较小的成本达成可观的能见度，形成示范效应，从而大大有利于横山乡村复兴的整体实现。

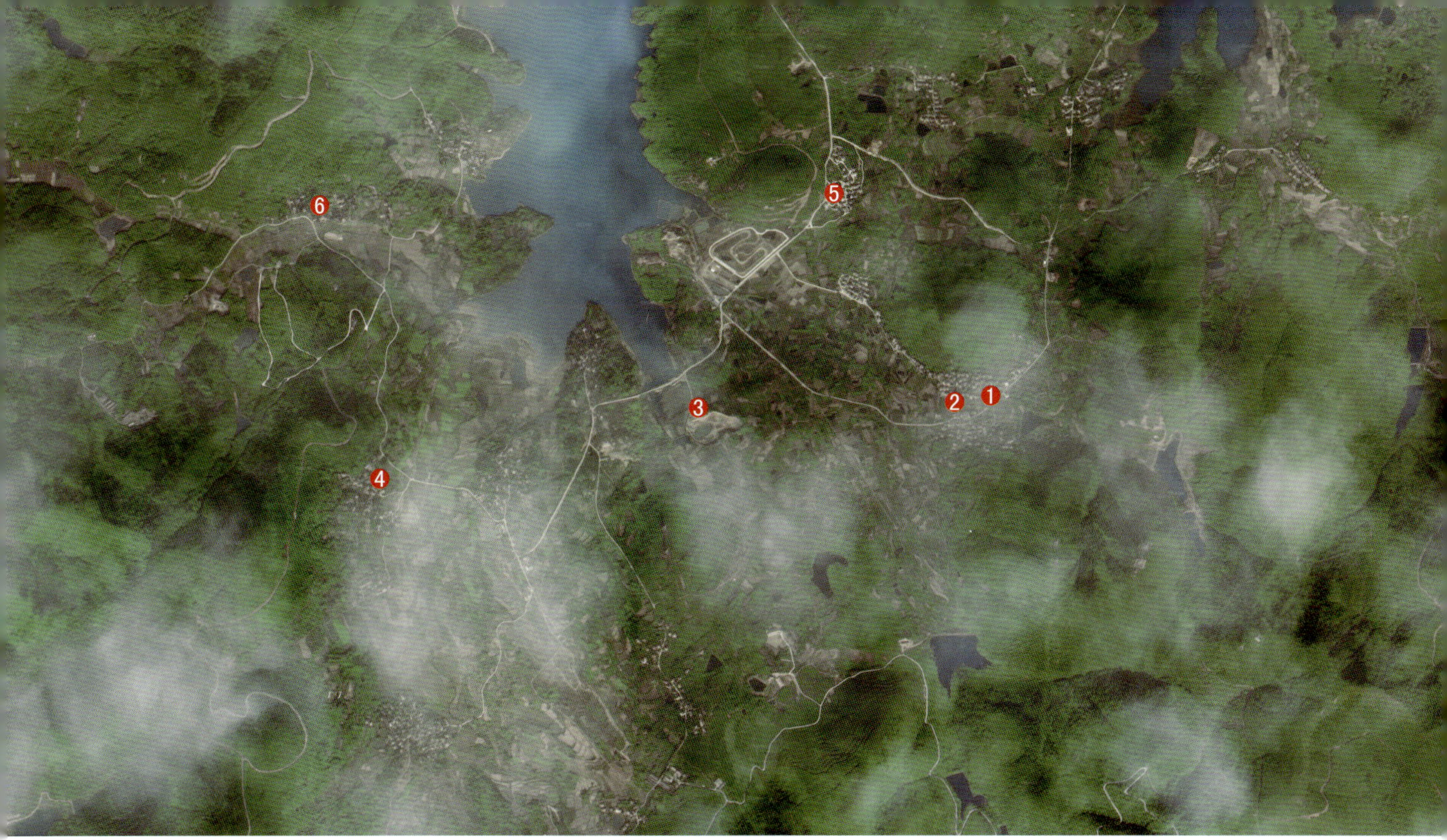

1 村民服务中心
2 乡野公园
3 采石场再生
4 猪圈新生
5 老宅翻新
6 乡宅示范

横
横山乡建

村庄现状

横 i1.1 横山乡建的总体思路

设计引导，在地营造

在乡村做设计的分寸是需要谨慎把握的。设计介入的力度过大，通过夸张和博眼球的设计，或能短暂地为村庄带来热度和关注，但其是否能真正地为村民和乡村带来持续而有益的价值，时间会是最好的证明。

对于横山来说，其虽有较为丰富的自然历史人文资源，近年来乡村建设却逐渐丧失地域建造特点，其村庄风貌与长三角地区的大量乡村相较并无明显差别，欧陆风、罗马柱、琉璃瓦，夹杂着徽派的马头墙，成为一种异化的现实奇景。尤其令人沮丧的是，村民似乎对此习以为常，认为这样的建筑才是乡邻公认的"好房子"——就在村民服务中心动工之初，一座耗资百万、红砖红瓦带飘窗和柱式门廊的欧式"豪宅"在其北侧刚刚落成。

基于此，我们在设计中尽量采用地方乡土材料及地域工艺做法，试图延续在地化的营造语汇。更重要的是，希望通过这样的"设计引导"，逐渐改变当地村民渐已形成的固有观念，而认识到有些东西虽已老去，却仍具有当代的独特价值，江南地区乡村建设的品质，大可不必依赖欧陆风来实现。

横山乡建

施工现场，村民参与

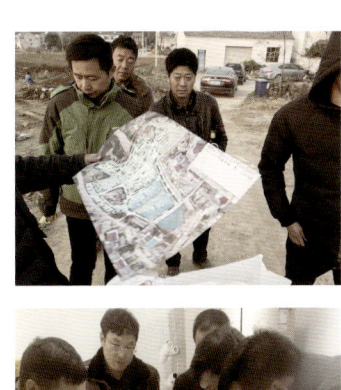

施工现场,多方沟通

村民参与,共建家园

乡村,首先是村民的乡村,建筑师介入乡村建设时须明确自身的定位,同时需要一份耐心与坚持,甚至是妥协。具体而言,我们的工作希望与村里的经济发展及扶贫工作相契合,与村民的切实诉求及日常生活相融合,与乡村的资源环境及施工技术条件等相配合。

设计方案不仅需要得到村民委员会的认可,更为重要的是得到当地村民的肯定,让村民参与到设计过程之中。如在为横山上庄乡野公园实施现场放线时,几位村民围住笔者,说设计图中间需要加条路,可以作为他们每天进出的便道。考虑到公园设计的初衷是为村民提升生活品质,立刻现场修改了设计图纸,以满足村民的实际需求。而在施工过程中,也多有当地农民工的亲身参与,其理解图纸及技术实施的能力相比以往接触到的城市建设施工团队尚有差距,这都需要耐心细致的现场沟通及现场设计来解决。此外,建成运营后的房子也会为当地村民创造出一些工作机会。

设计、施工、运营,乃至今后的旅游发展,全链条的乡村建设过程都凝聚着当地村民或多或少的亲身参与,通过这些努力,逐步引导、带动村民投入乡村建设与复兴工作,并试图唤醒村民对其所处家园的信心和认同感。

弹性设计，预留可能

受地方政策、经济、资源、环境等因素限制，乡村中的方方面面存在诸多不确定因素，那么在设计中应尽可能做好预案，便于应对建设进程中随时可能出现的政策变更、功能调整、技术限制、施工误差等情况。

在用地经济指标方面，珍惜每一寸可建设用地，鼓励用地空间的复合式利用，如村民服务中心借助现状地形高差形成架空层，在造价增加不高的情况下增加了近500㎡的使用面积。在建筑功能布局方面，保证功能空间的适度弹性与灵活性以应对可能发生甚至经常发生的功能调整局面，设备管线等也作相应配套预留等。在居住模式方面，对村民的生活方式做深入体察，探讨居住模块的单元化和模块化，便于村民建设住宅时根据自身家庭人口结构及使用需求等进行定制化选择。在具体实施层面，建筑师需要协调村民委员会、村民、施工队、供应商等多方主体，建筑师被赋予了相比城市建设来说更多的责任，需要成为各项资源的调配者、各方主体利益的平衡者，这是一项不小的挑战。在建造选材方面，尽可能地选择可就地取材或可循环利用的建筑材料，比如废旧砖瓦及当地竹、木、石材等，在节省造价的同时也利于将来材料的二次回收利用。在技术细节把控方面，充分考虑村里的造价控制要求和当地施工队的技术实现能力，尽量选择构造做法清晰易懂同时又基本满足建造品质要求的技术方案。更多的时候并无条件选择最优解，而是避免出现最劣解，当然这其中无数次的现场设计、沟通协调、远程遥控乃至变更妥协等必不可少。

横 il.1
横山乡建的总体思路

旧材料，老物件

横山村民服务中心

地点：南京市江宁区横溪街道横山社区上庄村口
业主：横山社区村民委员会

用地面积：1158 ㎡
建筑面积： 917 ㎡

建筑设计：蒋楠、袁伟俊
室内设计：蒋楠、吉文娟等
结构设计：肖亦苏
水电设计：李斯源、李响
景观设计：蒋楠等
设计时间：2017 年
竣工时间：2019 年 6 月
建筑摄影：侯博文、蒋楠

横山乡建

乡村中的公共客厅　摄影：侯博文

项目概况

建筑位于南京江宁横山社区上庄村口，为三层混凝土框架结构。一层原为架空车库后改为村史馆；二层大平台之上设有村民服务大厅，为村民及游客提供服务并可举办各项活动，另有餐厅接待、厨房后勤等用房；三层为退役军人服务站，兼作办公。2019 年 6 月建成以来，多项活动在此举办，其已逐渐成为当地村民喜闻乐见的共享客厅。

横山村民服务中心

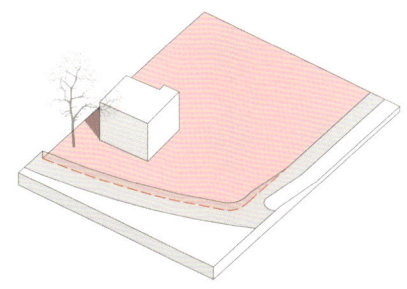
1. 基地现状，村口空间

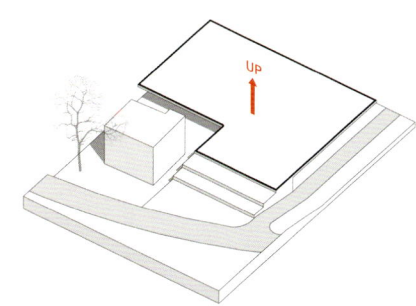
2. 平台升起，形成架空

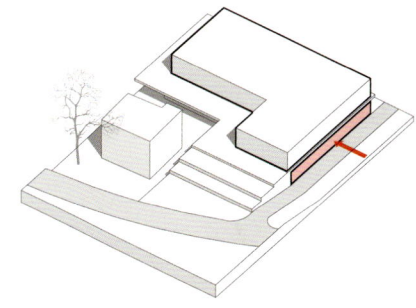
3. 置入功能，复合利用

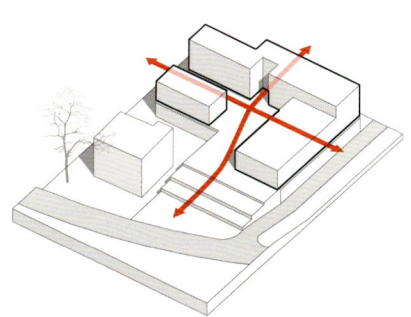
4. 引入流线，组织空间

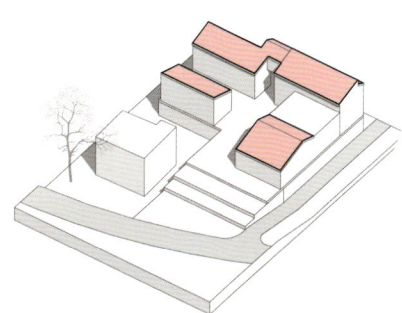
5. 形体细化，融入乡野

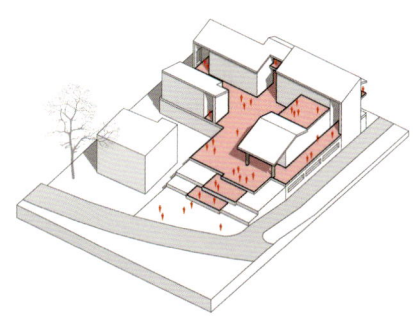
6. 平台错落，看山望水

总平面　0 5 10 20m

横山村民服务中心

摄影：侯博文

山水之间，建立关联

横山在近年来发展过程中的一个很突出的问题就是缺乏村民公共交往的高品质场所，同时也无法为前来徒步或观光的背包族及游客提供休憩停留的空间。于是，村里决定在横山上庄村口腾出的一片洼地上兴建一座村民服务中心，远期兼作游客中心之用。从航拍可见，该地块恰好位于南北两片延绵山体相夹的低缓谷地之中，南面紧邻着连接横山各主要自然村的干道；北侧为依山而建的数排农宅，沿山体等高线蜿蜒密集布置，虽建筑风貌较为杂乱但仍保留着乡村聚落的历史格局；地块西南角为一座保留农宅，西侧对着两三片不算很大的水面，并与不远处的乡野公园乃至更远处的蟠龙湖遥相呼应；东侧为现状茶园及农宅等。在此乡村山水环境的起承转合之处，进入横山地区的村口要道之旁，兴建一座村民服务中心是合适的，而如何在乡野之中建立与自然山水的关联、如何与乡村邻里环境融合并对话、如何在此地营造富于品质的乡村公共空间，成为设计的主要出发点。

位于"山水之间"的横山村民服务中心，不仅应对"山水"，更关注"之间"。正如法国学者朱利安（François Jullien）在《山山之间：生活与理性的未思》中所述："世界上之所以形成'风景'，不仅是外在的事物用它们的力量和形态而共同组成'山''水'以及'风''景'之间的游戏，风景也形成于两极之间，即在'我'与'世界'之间，在'里面'与'外面'之间，联系二者的相互性，使视觉的同时也是感性的，因此风景是'视觉—感性'。反过来说，假若视觉的与感性的彼此不互相连接或者不关联，就不会产生'风景'。"于是，在设计中须着重考虑在此时此地，建筑作为一种人工自然，如何适宜地介入乡村山水景观环境，并通过场所氛围的整体营造，调动人的视、听、闻、触等多种感官，实现建筑在自然山水情境之中的"中介"作用，使身在建筑中的人们更好地融入自然、感受风景。

餐厅西侧敞廊与山体　摄影：侯博文

山谷之间的村民服务中心 摄影：侯博文

层台之上，对话自然

面对低于南侧进村干道1.8m左右的低洼场地，设计的一个重要操作便是将建筑的主要功能抬升1.5m左右。抬升操作的第一个好处是在乡村可建设用地极为紧张的现实条件下，增加出近500㎡的可用空间。最早的想法是作为架空开敞的车库之用，在建设过程中村民委员会决定将其围合封闭起来作为村史展示馆，其内部展陈可与东北侧不远处的新四军第一支指挥部旧址的红色主题相呼应，形成一体化的展陈参观流线，于是设计之初对该空间的预留较好地满足了当代乡村中时常发生的功能转换需求。

抬升操作的另一个好处在于，通过抬升形成的主入口层平台，乃至设计中着意塑造的不同标高、不同大小、不同尺度的平台，既为村民、游客等使用者提供更佳的看山望水的机会与体验，同时也大大增加了他们见面、聊天、交往甚至偶遇的可能性，形成一个动态连续的公共空间串联体系，进而帮助人与建筑更好地建立与自然山水及周边环境之间的时空场所关联。

抬升后的主入口层平台

平台上的建筑　摄影：侯博文

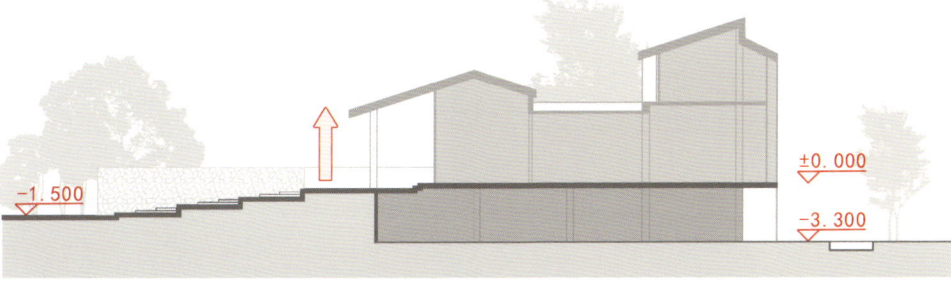

抬升操作示意

高低错落的敞厅与平台　摄影：侯博文

村民可在道路北侧的小广场停留聚集，随后沿着稍有错动的平缓台阶抬级而上，便来到1.5m高的二层大平台，地平线借此抬升。人们既可以直接从出挑的屋檐下进入服务大厅办事与休息，也可以向右下两级台阶来到东侧露台，其正对着东侧的茶园、村口及远山；亦可以稍往西绕过服务大厅入口，来到大平台的中心——服务大厅、餐厅以及厨房后勤三个体量分别从东、北、西三个方向作了适宜尺度的围合，而南向则完全敞开——转身后对面的山体和村庄随即映入眼帘。

服务大厅与餐厅四周亦由平台环廊围绕，将周边乡村景致引入建筑的同时更强化了在设计中着意创造的多层次公共平台系统。沿着北廊向东踏上楼梯进入三层退役军人服务站，在其主要功能房间南侧利用服务大厅屋顶设置一露天平台。在岁月留痕的旧瓦屋脊之上，便是远山舒缓起伏的柔美轮廓，人、建筑与自然山水展开了一场亲切的对话。

错动的台阶强化了村口公共空间

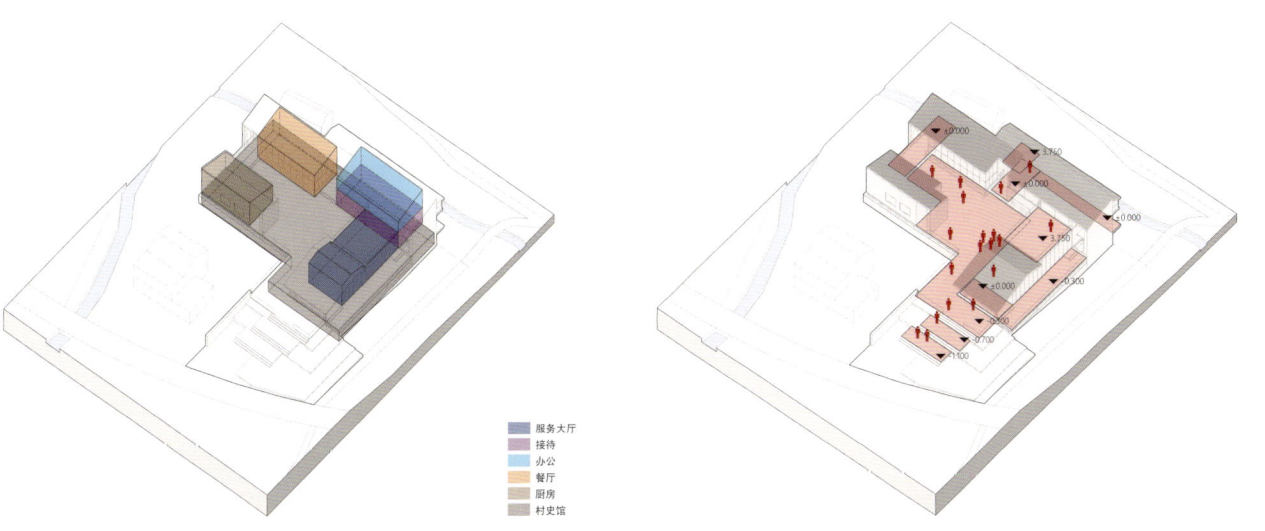

功能分布　　　　　　　　　　　　　　　错叠的平台

华灯初上的村民服务中心　摄影：侯博文

乡村环境中的建造　摄影：侯博文

环境之合，传承探新

南北两山相夹中的村落形态仍然保持着历经漫长时间逐渐形成的肌理与脉络，在场地周边山脚下，大致沿着山体等高线次第展开的乡村农宅，呈现着长三角地区广大乡村普遍的人居面貌和建造水平。虽然它们普通、平常甚至略显混杂，但其建筑与地形的顺应、院落与环境的组织，乃至形成已久的邻里空间关联，都值得设计者充分尊重。

这些乡村中的房子真实地承载着村民对生活的想象与期许，村民会采用最朴素直接的建造方式实现其各项功能需要。最初踏勘现场时，场地西北侧的一户农宅引起了笔者的注意，其建筑格局与普通农宅并无二致，但其南侧面向开阔的广场和池塘，门前更有沿村蜿蜒的水渠流淌，入口处看似不经意地设置了有顶遮蔽的敞廊空间，并顺应沟渠形成入户方向的扭转。转折意味着停留，通过一个简单质朴的操作，获得了更好地欣赏远山近水、与邻里聊天对话的半公共空间，令人深受触动。再往村里深入探究，发现类似的门廊灰空间随处可见。在山水资源得天独厚的横山，村民几十年来自觉或不自觉地通过朴素自发或是因循乡邻的建造活动，阐释着他们对于自然山水的接纳态度，也逐渐形成一种在地的、日常的、拙朴的建造语汇。

横山村民服务中心

场地西北侧现有农宅的门廊空间，简单质朴的建造方式

村民服务中心主入口门廊空间，在地建造语汇的传承转化

横山村民服务中心

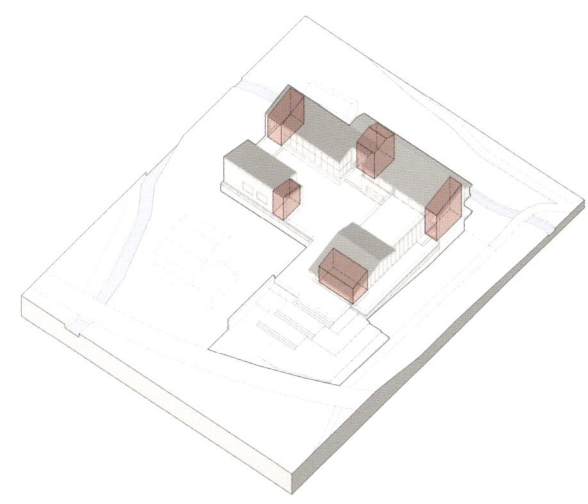

门廊灰空间的反复呈现

在村民服务中心的设计中，希望延续在地的建造语汇并加以传承转化创新，以作为营造村口公共空间的重要手段。于是，位置、大小、尺度各异的敞廊空间在建筑中时常出现，并担负着不同的功能和空间需要——平台之上主入口的檐下门廊表现出欢迎进入的姿态，餐厅西侧出口平台正对着不远处我们设计的乡野公园，厨房东侧檐廊则将南面的山体和村庄等景致引入形成框景，二层及三层北侧走廊正对着依山叠落的村庄，服务接待与餐厅茶室之间设置开敞过厅，三层西端三面设置开敞的茶叙空间，乃至北侧靠近沟渠处也形成几处不大的休憩平台等等。这些灰空间的大量植入，一方面形成室内外空间的必要过渡，另一方面也大大增加了使用者欣赏周边风景、公共休闲交往的良好机会。另外从管理角度，晚间当室内功能房间需要锁门关张时，其由大小平台和灰空间串联而成的公共空间系统仍能保持开放，为周边村民提供饭后纳凉聊天的品质场所。总之，希望新的设计能够以一种妥帖自然的姿态介入现有村落格局，并融入周边的乡村聚落及环境场域之中。

层次丰富的灰空间体系　摄影：侯博文

摄影：侯博文

景观与观景

"新"的"乡土"　摄影：侯博文

村民服务中心雪景

错动起伏的屋顶　摄影：侯博文

显隐之道，公共为先

广袤乡野中的人工建设与介入，须注重建成环境的整体营造。村民服务中心的兴建，与其说是一例建筑设计，不如说是包含着建筑、景观、室内、策划、行为、生活等多元协同的村口公共空间的创造。

从干道南面的村庄望去，建成后的村民服务中心安静地坐落于北侧山体脚下，与其周边的乡村环境融为一体。起伏错动的坡屋顶既与两侧及前后的双坡农宅相协调，又通过单双坡面及长短变化形成明确特征，同时对应着屋檐下的开放交往空间，并与南侧入口的错动平台形成一定的对话关系。在此情形下，建筑最大限度地消隐于环境之中，公共空间得以显现。

从村口干道经过时，村民服务中心的服务大厅、餐厅等几个体量似乎从首层整体基座中生长出来，石块堆叠垒砌的厚重墙体、平台间种植的毛竹、黄杨，以及经过耐候处理的竹材扶手与装饰，强化了基座的水平延展性，不经意间将广场地面逐渐抬高并延伸至一层平台之上，从而扩大了村口公共场所的空间范围。

从村口西侧紧邻潺潺溪水的进村便道南端向北望去，村民服务中心的西侧墙面与前后农宅保持着相同的沿路退界关系，通过白灰相间的墙面肌理和高低错动的屋面起伏，将自己隐藏起来，低调地与周边环境融为一体，并将人们的视线引向北侧舒缓连绵的远山。再往北路过猪圈、鸡棚、菜园，西立面逐渐彰显，南北两侧对峙的餐厨体量，通过形体转折、体量虚实、墙面肌理、坡顶方向、色彩质感等进行对话，无论从近处的小桥还是从西侧开阔的乡野公园方向看，村民中心的形象都获得了相对明确和完整的表达。建筑的"显"或是"隐"，可根据其环境场所的不同面向以及功能空间的不同需要，做出合适的判断与抉择。

横山乡建

"显"与"隐"　摄影：侯博文

融入村庄环境　摄影：侯博文

由破砖旧瓦铺成的入口广场

乡土之韵，与旧为新

在快速城镇化的发展背景下，当下长三角地区广大乡村的"类城市化"趋势相当明显。在乡村建设中人们似乎没有时间和精力来用心营造自己的居所与环境，熟悉传统技艺的能工巧匠也日渐稀少，取而代之的是专业化程度不高的农村施工队、多快好省的建设取向以及标准化和相对廉价的建筑用材等，乡村营建的原有机制、文化追求、历史传承、审美理想等逐渐消弭殆尽。在与横山村民的互动中我们发现，在物质主义的裹挟下大部分村民的传统意识逐渐淡漠，审美意趣出现偏差。在他们的眼中，"新"比"旧"更高级，"奢华"比"淳朴"更值得夸耀，于是他们会在旧屋翻建时将老物件、旧材料随意丢弃。见此情形，我们说服村里首先做了一件事，即将村民老宅中闲置的老磨盘、柱础、石墩、石碾、条石等集中回收并置于村民委员会门旁空地上，并向村里保证这些材料日后会派上用场。对于村民委员会门前来往经过的村民百姓来说，这是一种善意的提醒：这些具有历史印记的遗产是有价值的，它们值得保留并可通过一定的方式融入乡村建设中去。于是，乡村中的传统价值观启蒙在不经意间渗入村民的日常生活。

在村民服务中心的设计中，我们尽量采用地域乡土材料，如周边拆迁工地回收来的破砖旧瓦和本地盛产的毛竹、块石，以及村民老宅遗留下的老旧物件等，并将之精心组织到新的建筑与场地中。项目建成后，一位住在周边的村民告诉我："在建的时候觉得这新盖房子怎么用的破旧材料，一点都不'高档'，现在建成了却感觉越来越耐看了。"我视之为一种鼓励与褒奖。更为可喜的是，当地村民在自建房屋时的观念正在发生变化，村民们在兴建自家房屋时以往更加关注一些地域乡土做法及本地材料运用等，"欧式豪宅"似乎成为一种越来越少的选择。

在乡村建设中投资相对有限的情形下，有选择地从若干示范案例入手，为村民呈现出具有较高建成品质、体现乡土韵味并与乡村环境协调融洽的建筑及景观环境，有助于发挥设计与建造的带动作用。村民对于乡村中"好房子"的理解，乃至对建筑风貌的选择、对自然环境的态度、对地域材料的应用等等，这些在乡村环境中与人工建造有关的"价值观"，正在悄然转变。而这对于横山这样一个贫困村而言是至关重要的，因为归根结底当地村民才是建设自身家园、营造田园乡村的最主要力量。

雪后

横山乡建

"新"与"旧"

横山村民服务中心

"拙朴"与"精致"

室内外的融合与对话　摄影：侯博文

内外之和，品质营造

长期以来，在长三角地区的广袤乡村，受资金、环境、体制等诸多因素制约，大部分建筑都由农民自发设计建造，或照搬城市图集模板，缺乏专业设计师的介入和指导，建筑风貌价值判断失衡，设计与管理相对粗放，建筑功能欠缺，乡村建成环境品质普遍不足。有幸的是，本项目设计团队承担了从建筑、室内乃至景观等在内的一体化设计内容，有助于从整体层面控制项目的完成品质。

服务大厅 摄影:侯博文

服务大厅　摄影：侯博文

一是内外公共性的统一。村民中心希望在乡村重塑一种公共性，并试图打破建筑与环境的内外界限：一方面通过组织漫游路径串联大小平台及灰空间，进而形成公共空间体系，鼓励村民、游客在无气候边界的敞厅回廊中实现公共交往行为；另一方面，将具有公共开放属性的建筑界面做通透化处理，以此实现内外的视线交流，同时将周边优越的山水景观引入室内。服务大厅、餐厅、接待室、楼梯平台等功能界面为玻璃幕墙，在略显消沉的乡村空间中形成与周边普通农宅相区别的标志性开放化景观。尤其在夜幕降临、华灯初上之时，平台上的服务大厅与餐厅通体晶莹，成为村口空间的标志。

二是内外材质氛围的统一。横山周边山体大多被毛竹所覆盖，竹作为当地最为常见的材料，也以不同的方式被精心组织到村民服务中心的室内外空间之中。作为户外种植，南入口平台及北侧沟渠旁竹影婆娑；作为栏杆扶手，做耐候处理的竹片错动咬合，形成富有韵律的装饰纹样；作为立面装饰，粗细不一的竹筒疏密有致地嵌于玻璃之上，增加了立面表达的乡土性与层次感；作为主要厅堂和走廊的顶部装饰，排列有序的竹竿形成整体界面，塑造了室内空间的基本格调与氛围；作为室内空间分隔的屏风，长短不一的竹料形成"山"形图案纹理，寓意着"横山"的在地特征。另外，作为室内墙面装饰的竹篾竹毡，作为吊灯编织材质的竹藤等等，竹作为一种富于温度与质感的材料，在设计中反复呈现。

"竹"在室内的反复呈现　摄影：侯博文

村民在服务中心大台阶处聚集　摄影：侯博文

横 1.1 横山村民服务中心

村民之家，人性场所

村民服务中心自2019年年中建成后，恰如其名，较好地发挥着为村民服务的多样功能。村民喜欢茶余饭后在主入口广场和大台阶上聚集、聊天交往，在平台上纳凉，在大厅里品茶休憩等，他们成为这座建筑的真正主人。

另外，横山村民委员会乃至横溪街道也在此举办了多种规模、不同形式的活动。如2019年9月南京江宁区共青团委员会在此组织"寻岁月之横，同倾听往溪"交友活动，数十名该村及周边村镇的青年在此空间相遇，并从此出发前往西侧我们设计的乡野公园进行室外活动环节，接着来到村民服务中心东北侧修缮完成的新四军第一支队指挥部旧址内参观，最后回到村民服务中心。由此形成一条体验横山乡野韵味与红色文化的特色游线，村民服务中心也成为该典型游线中独具特色的重要节点。

融合与对话　摄影：侯博文

横山村民服务中心

活动场景

ill.1 横山村民服务中心

建造过程

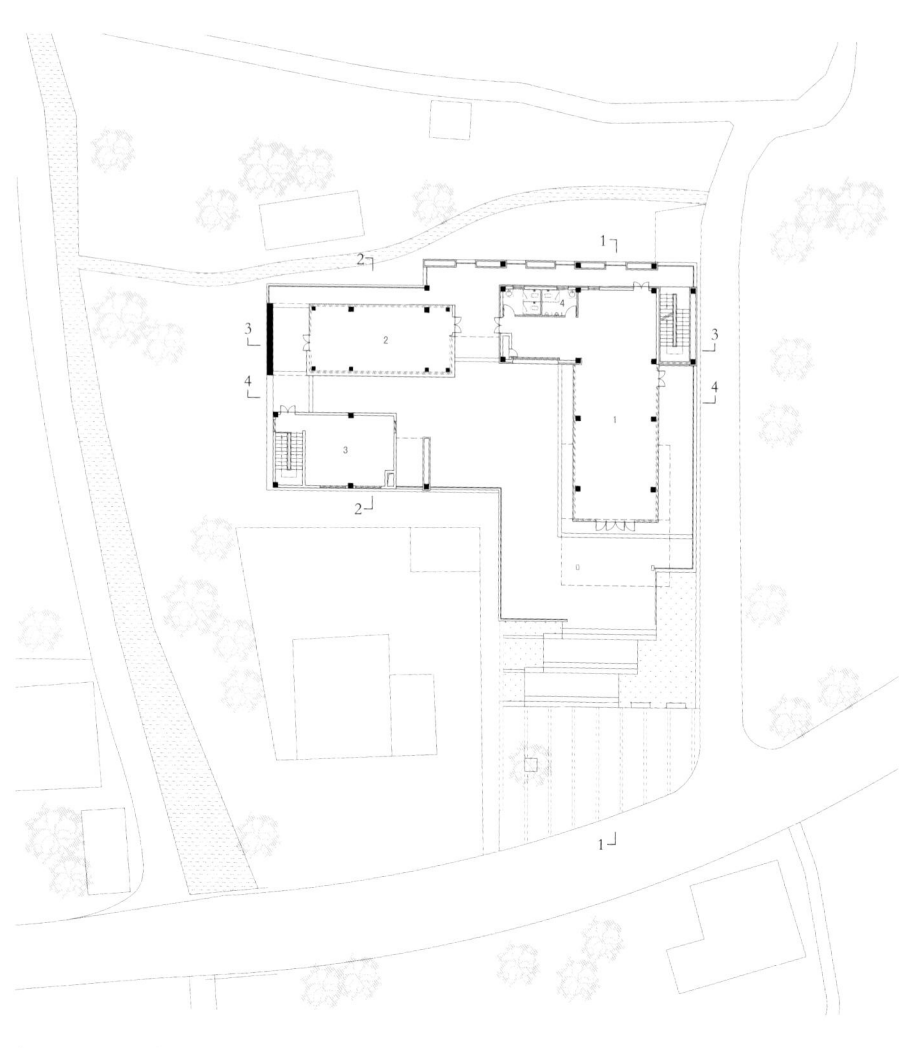

主入口层平面　0 2 5 10m

1 服务大厅
2 餐厅
3 厨房
4 厕所
5 村史展览
6 餐厅上空
7 办公

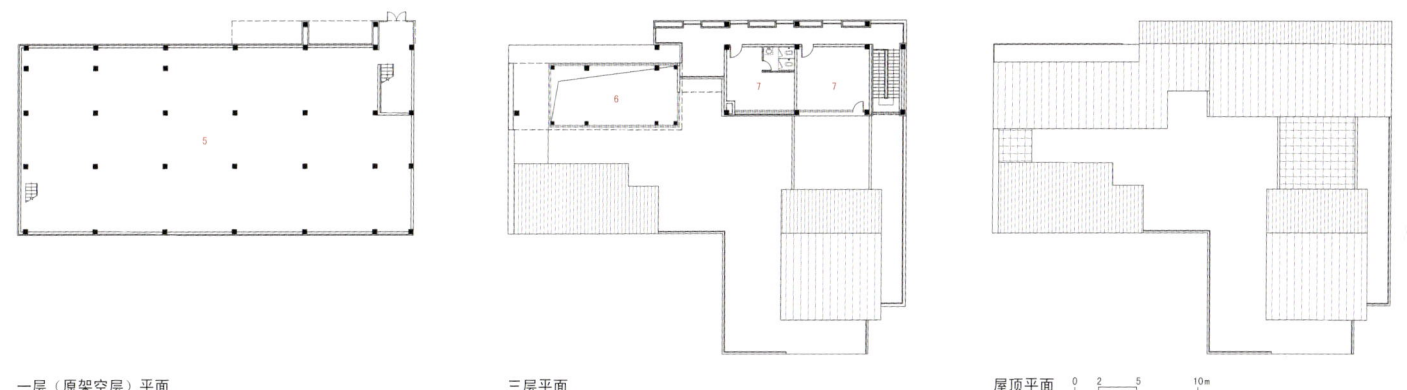

一层（原架空层）平面　　　三层平面　　　屋顶平面　0 2 5 10m

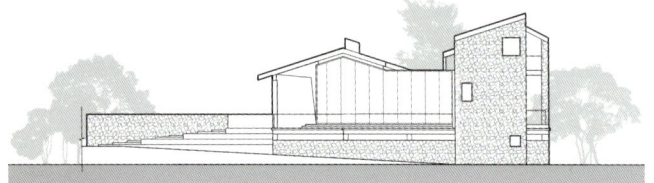

东立面

南立面

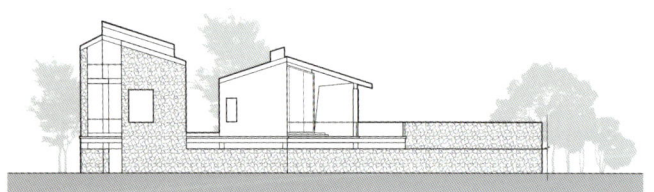

西立面

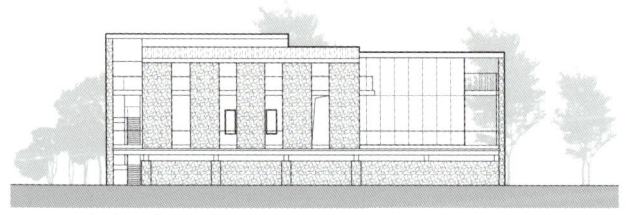

北立面

摄影：侯博文

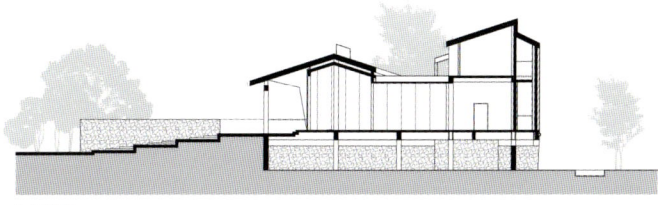

1-1 剖面

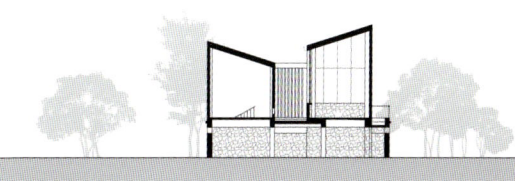

2-2 剖面

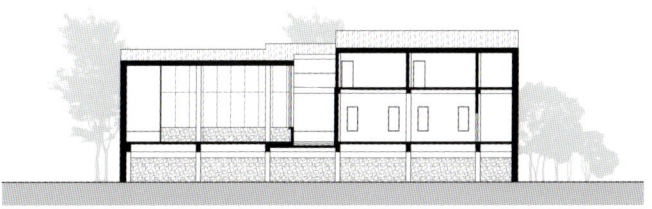

3-3 剖面

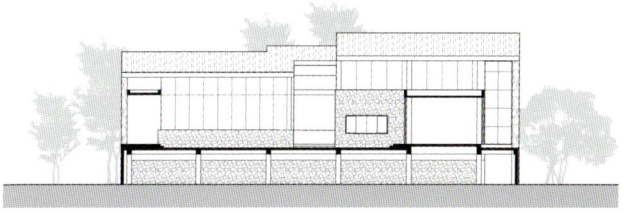

4-4 剖面　0　2　5　10m

横山上庄乡野公园

上庄乡野公园位于村民服务中心以西呈喇叭口状发散并夹于南北两山之间的开阔谷地,向西远望江宁区最大的淡水湖蟠龙湖,是上庄大部分村民进村的必经之处。2018年初,村里决定利用废弃荒地营造乡野公园,为村民和游客提供开阔宜人的室外场地,并与当时正在修建的村民服务中心连为一体,整体塑造具有较高品质的乡村公共空间和环境景观。起初村里只是请笔者提建议,在得知施工队准备在没有设计图纸的情况下参照城市公园直接施工时,笔者决定无偿为这座公园进行设计。

在山水资源丰富的横山,处处都能让人感受到自然生态之美,乡村生活的闲适与野趣于田间水渠之间自然流露,因此在乡野公园的设计中,首先应考虑如何保持原有的乡野田园之味,让一切改变自然发生。

于是我们的工作变得简单起来,与其说是进行公园景观的设计,不如说是进行乡野生活的营造。场地中能保留的元素都顺其自然地保留下来,包括北部入口处一户现状农宅以及部分树木植栽,并尽量保持农田状的肌理,通过蜿蜒的小径将其划分为若干具有一定功能主题的生态斑块。

公园东侧与村民服务中心相接,利用现有水面往西延伸形成两片池塘用于青虾养殖;南侧沿路为村民设置广场舞场地,同时用作农产品展销及每年横山徒步大会的出发集合地;西侧沿着沟渠设置狭长曲折的果树种植园,用于展示当地盛产的各种果树苗圃;北侧凸出部分为儿童设置了由当地特产植物——桂花树组成的植物迷宫,以及由废旧轮胎围合而成的嬉戏沙坑,并留有一定的预留发展用地;中心以草坪为主,局部堆土形成微地形起伏,由周边工地拆迁剩余旧砖石板铺成的小道穿插其间,村民与游客可在其中聚集、散步、健身、闲坐,感受自然乡野气息。自建成以来,乡野公园不仅得到村民的日常使用与喜爱,还成为乡间动物们的自在乐园。

横山上庄乡野公园

总平面　0 10 20 50m

1 村民服务中心
2 乡野公园
3 桂花迷宫
4 沙坑
5 健身器械
6 果树种植
7 活动广场
8 雕塑
9 青虾养殖
10 现状农宅
11 停车场
12 公厕

横山上庄乡野公园

青山绿水之间的乡野公园

横山
横山乡建

横山 横山上灶乡野公园

乡村田园之美

乡野自然之趣

"旧"物"新"用

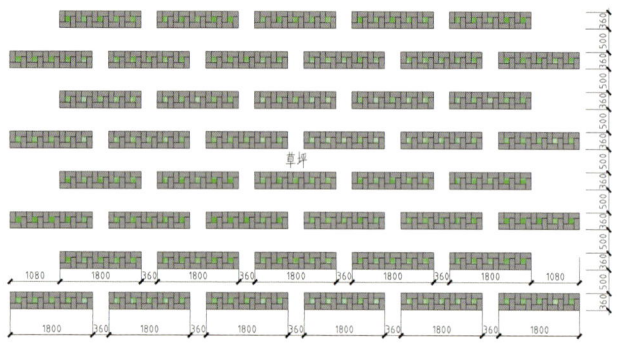

徒步大会广场草坪铺砖做法

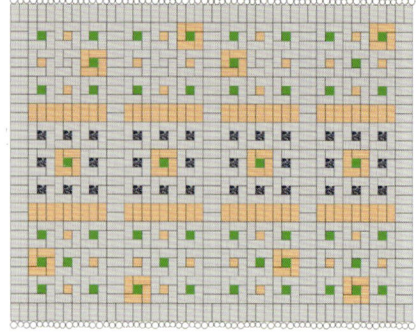

广场入口铺砖做法

横山上庄乡野公园

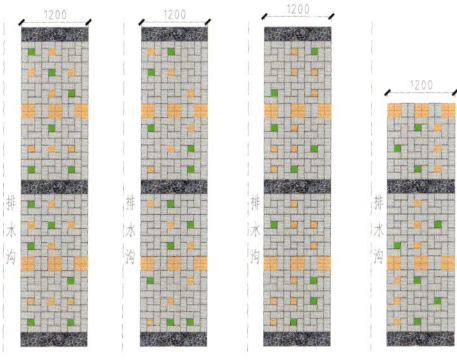

曲径铺砖做法

横
山
横山乡建

日常生活之趣

横山上庄乡野公园

村民乐土，动物乐园

采石场再生——横山驿站

利用数年前废弃的横山采石场进行生态修复,在采石场及周边 8 公顷范围内结合现有山水资源打造集农业、休闲、会议、办公等于一体的休闲驿站,具体包括有机菜园、景观花田、生态鱼塘、农趣采摘、茶文化园、采石遗址公园等功能,在体味乡间闲情野趣的同时,也展现了人们对待"自然"的态度正在悄然变化——从工业时代对自然的索取,到后工业时代对自然的敬畏。

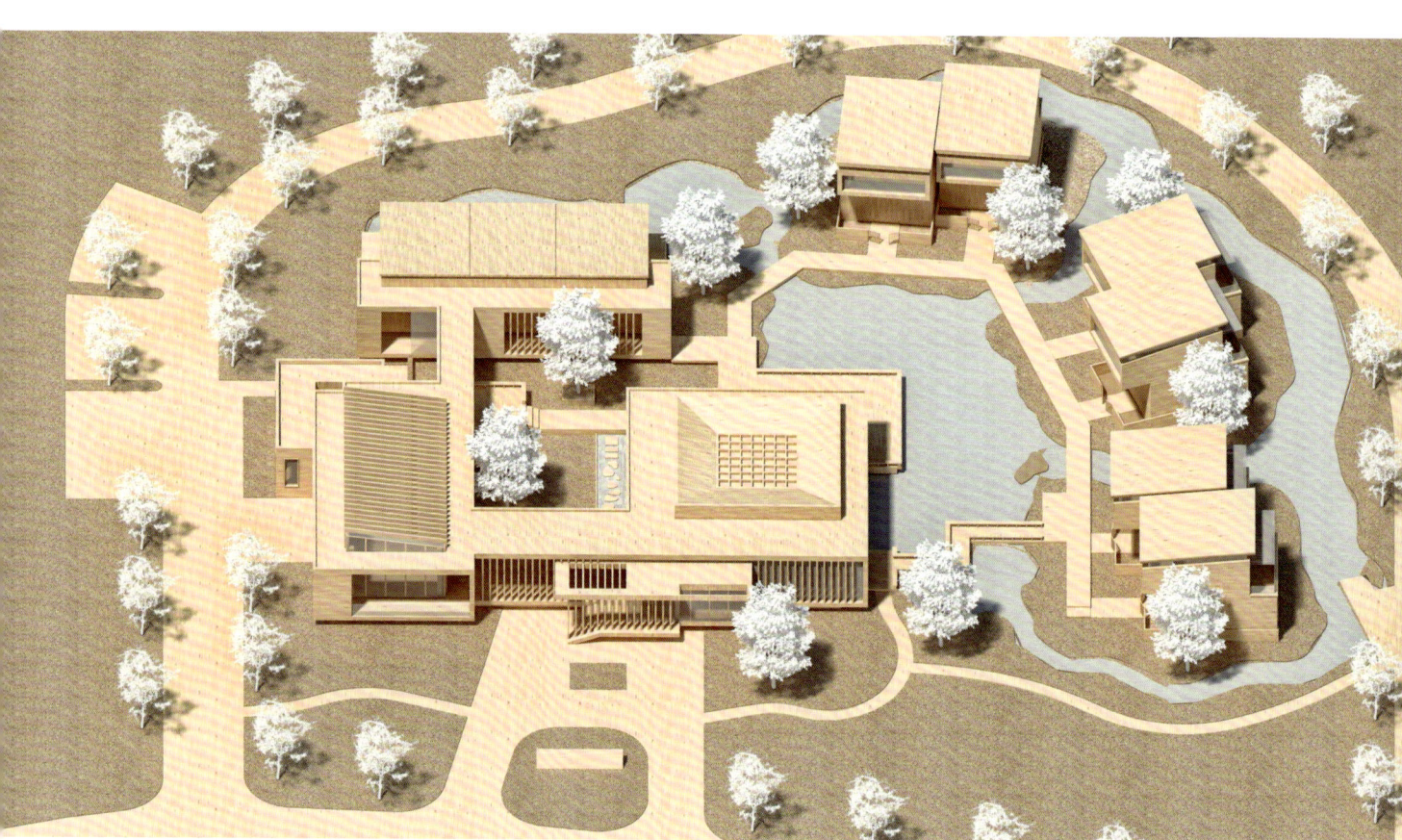

采石场再生—横山驿站

横
横山乡建

镜 il.1 采石场再生——横山驿站

猪圈新生——横山邓村民宿

汇水聚气：维持湖水溪流的连续性，建筑局部浮于水面之上，延续水文地脉完整性。
双溪联动：充分利用"双溪"的场域特征，选择最佳景观区域进行核心空间的打造。
造景成境：景观与观景相融合，保留利用与新建相结合，将远山近水引入建筑之中。

境 山 ｜ 猪圈新生——横山邓村民宿

村貌整治——横山沈阳村老宅翻新

在横山沈阳村村口片区风貌整治中,避免统一刷白出新等简单粗暴的整治方式,而是根据村口每户农宅在家庭结构、功能诉求、改造措施、资金条件等诸多因素做整体考虑,进行针对性的翻新改造。于是,村貌整治不再只是"涂脂抹粉"的面子工程,而是与村民日常生活的品质提升有机结合。

乡宅图集与示范

横山乡建

当前的乡村建设中存在着设计与管理粗放、建造水平低、资金短缺、风貌价值判断失衡等诸多问题，面对面广量大的乡宅需求，农宅的“体系化”设计、施工、建造或是“美丽乡村”建设中值得探索的一个方向。具体而言，“体系化”由模块化、标准化、定制化、产业化这几部分构成，通过“体系化”，试图实现广袤乡村中农宅建设的可持续、可实施、可拓展、可复制与可推广。当然，这样的“体系化”并非同质化，须紧密结合地域特点及当代需求。位于横山乌龟堰村的王宅成为该“体系化”乡宅图集的第一个落地案例，期待未来有更多示范点可以建成，远期的产业化乃终极目标。

乡宅图集

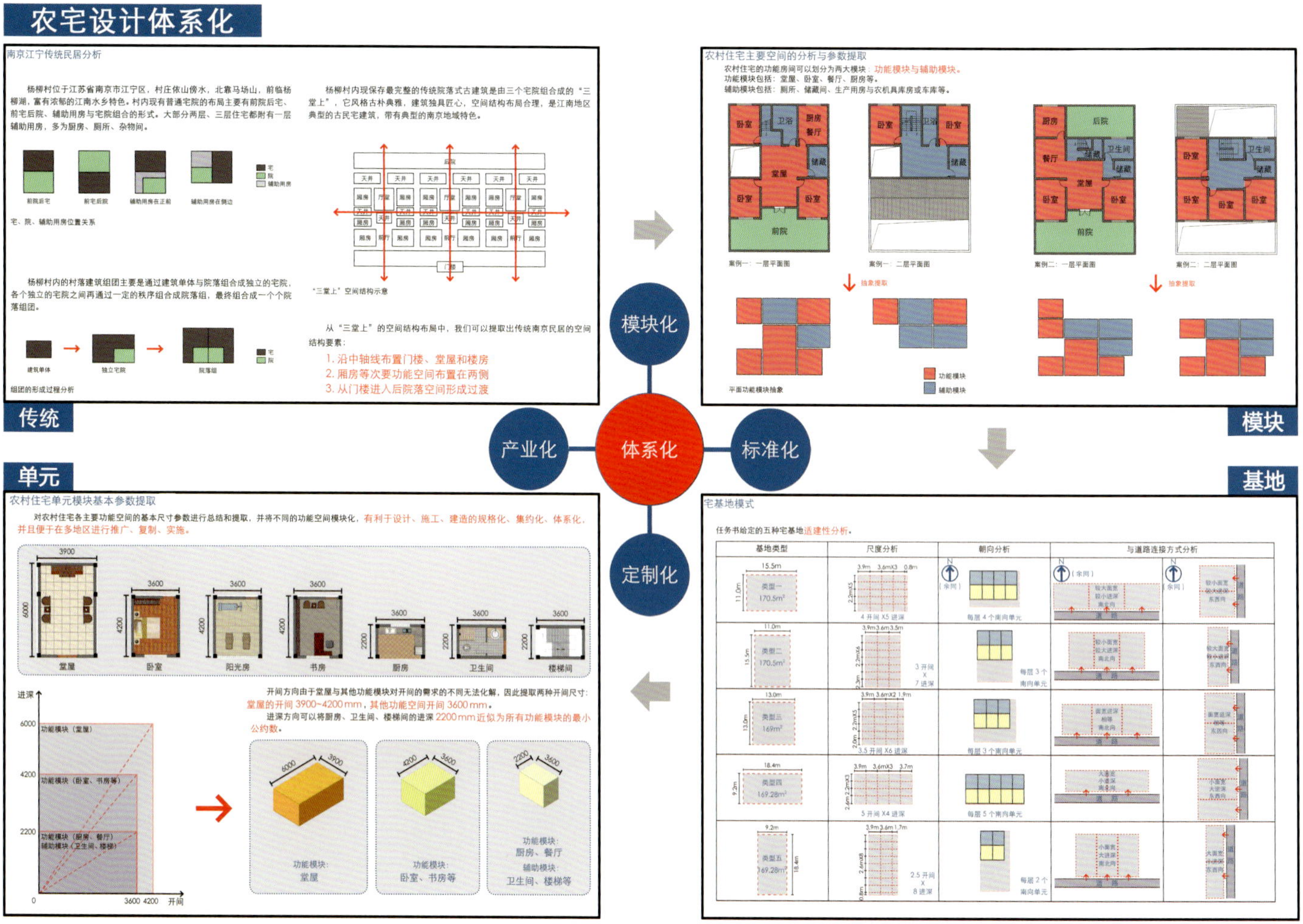

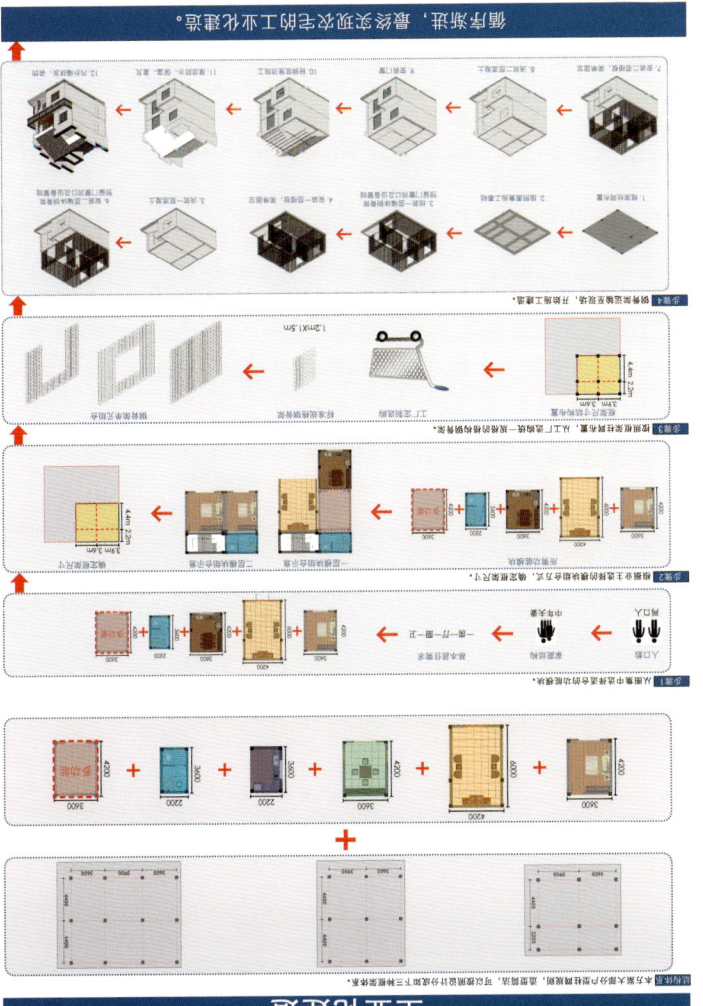

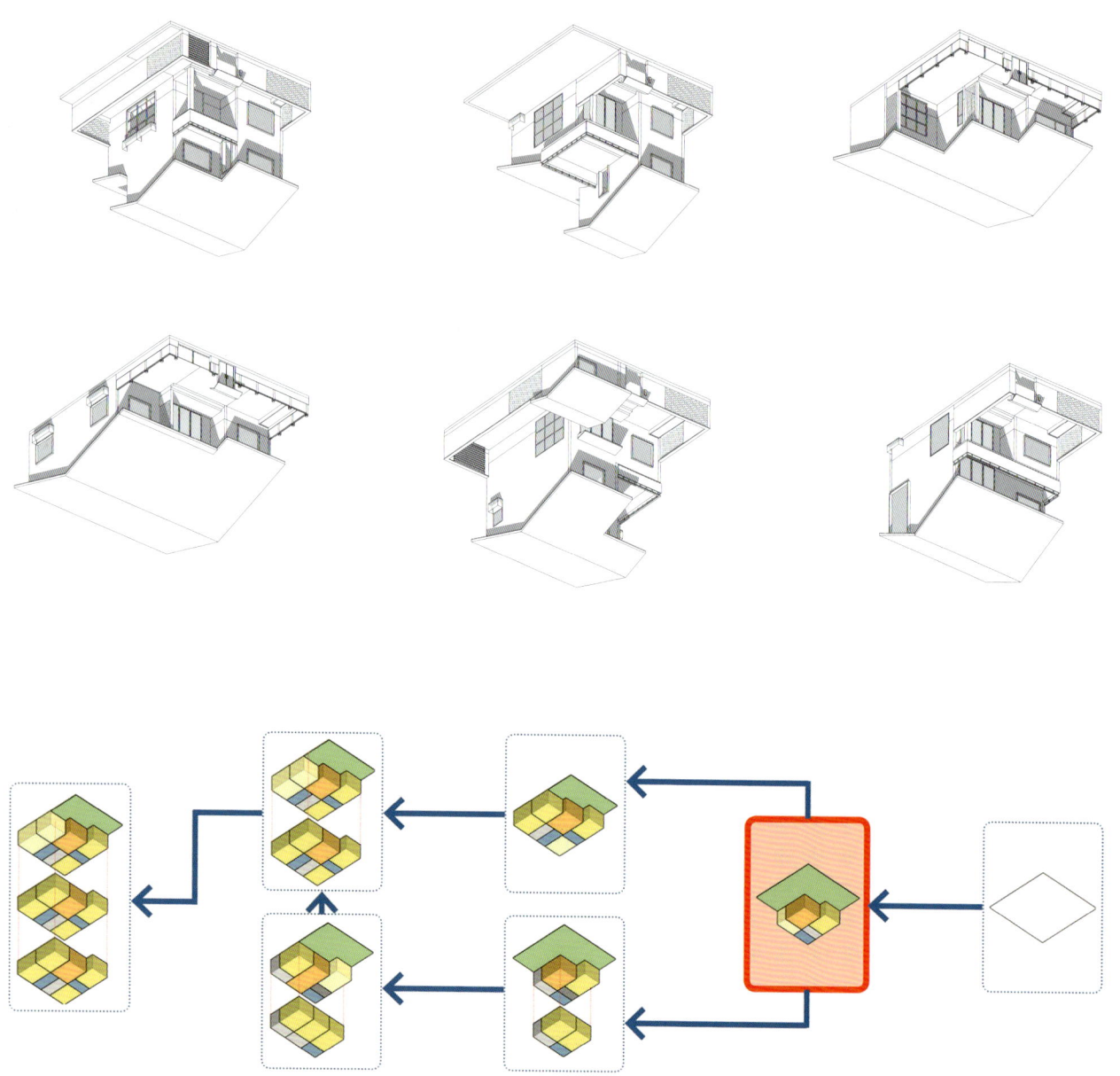

多样的楼梯形式与体态变化

乡土营造——王澍

营造乡土与那山那水

结语与嘱托

在乡村复兴中，设计师本身已经不能只满足于城市建筑中流派纷呈的绚烂的一角色，他可能既是多种角色，他不仅是建筑师，他可能是景观设计师或者室内设计师，甚至是施工工程师；他不仅是专业的设计师和材料技术细节的专业工作者，也可能是乡村经济规划的筹划者；他不仅是传统乡村建筑文明的继承和执著者，同时也需要为现代田园生活方式的创造未来引导者，造也成为乡村复兴的生动的事。

稻山乡村复兴仍在继续，由于没有强力资本的介入，其发展必然是循序渐进的，曲折的，甚至是漫长的。然而，它却是真实的，在地的，有温度的，或许能为与当下中国乡村的繁荣景复兴相连接一个可资参照的现实的镜像。作为参与者和见证者，我们乐为之者，乐见其成，也乐见其成。

感谢金山乡建理事会与设计工作室所有在住他们的稻山乡生与所做的努力，每具着作为求真地不劳苦，具有热流，赤红源，惠义，等朋友。感谢稻山乡村民们给予众出谋划策及关怀帮助以证他们的信任与大力支持；感谢当地村民和居民们给我出席现的谅解和支持；感谢北京建筑大学校部在京校区副在2个中为本书作序；感谢陈向力等众生的同心协力，将带着诚信的参与文化工作；感谢北京建筑大学出版社慰雅社总编辑不辞辛劳，我持将本书为名于出版付印。感谢国家自然科学基金项目（51878141）为本书出版提供资助。

参考文献

[1] 朱东风. 山水之间：景点与建筑的米学[M]. 南京：上海：东南大学出版社，2017.

[2] 董豫，芝学之道. 许村重做话乡里[M]. 南京：东南大学出版社，2015.

[3] 王溯，陈文字. 佛光寺建造的营意. 境说—个月实柑柏似的建筑[J]. 时代建筑，2012(02)：66-69.

[4] 段少华. 马清森与时间的侧脚片：近三十年的乡修在新建建筑花语[J]. 建筑学报，2013(04)：1-7.

[5] 李兴钢. 自然捕绘与几案中的建筑——胜节中的建筑[J]. 中国园林，2019, 35(07)：34-39.

[6] 赵辰. 建筑师如何面对中国乡土复兴[J]. 建筑师，2016(05)：6-7.

[7] 陆林. 乡建"三"题[J]. 建，2015(02)：22-23, 132.

[8] 何崴. 有份的追随：建筑师在乡村建设中的角色转换[J]. 住区，2015(05)：16-27.

梅山七星：乡村综合体

内容简介

横山乡位于江苏省南京市江宁区横溪街西南部边缘。山水人文资源丰富，但曾经受到城市拆迁、老少外出等因素影响。2017年以来，东南大学团队介入横山乡建设工作，本书在围绕这些主要问题的基础上，通过对横山乡建筑化遗产的中心，多方位发掘项目的联动潜力，挖掘了乡建工作中"在地景涵"一词方式的核心理论基础，将乡村建设的研究与实践相结合，并为该乡村及其周围片区，甚至大范围内提供了一种可供借鉴的思路。本书挑选了数项典型工作，结合众多文献及图像资料，总结分析相关方法对未来乡村建设的意义和价值。

图书在版编目（CIP）数据

横山乡建：在地景涵的探索可能 / 杨梼等. —南京：东南大学出版社，2019.11
ISBN 978-7-5641-8610-4

Ⅰ.①横… Ⅱ.①杨… Ⅲ.①农村-社会主义建设-案例-南京 Ⅳ.①F327.531

中国版本图书馆CIP数据核字（2019）第256684号

横山乡建：在地景涵的探索可能
Hengshan Xiangjian:Zaidi Yingzao De Xianshi Keneng

著 者：	杨梼
责任编辑：	魏 晓
文字编辑：	郭 吉吉；魏晓水
责任印制：	周荣虎
出版发行：	东南大学出版社
社 址：	南京市四牌楼2号
邮 编：	210096
网 址：	http://www.seupress.com
出版人：	江建中
印 刷：	上海雅昌艺术印刷有限公司
开 本：	889 mm × 1194 mm 1/20 印张：5 字数：100千字
版 印 次：	2019年11月第1版 2019年11月第1次印刷
书 号：	ISBN 978-7-5641-8610-4
定 价：	58.00元
经 销：	全国各地新华书店
发行热线：	025-83790519 83791830

* 版权所有，侵权必究
* 本社图书若有印装质量问题，请直接与营销部联系，电话：025-83791830